Hermann Stange

Entdecker

Von Leif Eriksson und Marco Polo
bis Charles Darwin und Juri Gagarin

Mit Illustrationen von Dorothea Tust

ANNETTE BETZ

Leif Eriksson

Menschen sind nun mal verschieden. Manche sind furchtbar neugierig. Und manche sind es gar nicht. Die nicht so neugierigen Menschen gucken zum Horizont und denken sich: Was soll da schon sein, hinter dem Horizont? Und sie sind froh, wenn sie in ihrem Sessel sitzen dürfen und nirgendwo sonst sein müssen. Die Neugierigen aber werden ganz aufgeregt, wenn sie den Horizont betrachten. Den Neugierigen lässt der Horizont keine Ruhe. Was mag dahinter sein? Was gibt es hinter dem Horizont wohl alles zu entdecken?

Wahrscheinlich ist es ganz gut, dass die Menschen so unterschiedlich sind. Gäbe es keine Neugierigen, dann säßen wir noch heute auf Bäumen. Aber wenn die ganze Menschheit ständig auf Reisen wäre – dann hätten wir kein Zuhause. Niemand würde den Entdeckern einen Kakao machen, wenn sie von ihren Reisen zurückkommen. Entdeckern wie Leif Eriksson ... Der ist immerhin bis nach Amerika gesegelt, und das 400 Jahre vor Kolumbus!

Leif Eriksson war ein Wikinger und er wohnte auf Grönland. Eines Tages hörte man in Grönland von einem unbekannten Land jenseits des Meeres und Leif Eriksson machte sich auf die Reise. Er fuhr über das große Meer immer weiter nach Westen – und das in einem kleinen Schiff aus Holz mit nur einem einzigen Segel! Die Wikinger waren zwar gute Bootsbauer, aber ihre berühmten Drachenschiffe waren trotzdem nur bessere Nussschalen.

Getreidesorten, die schon die Wikinger kannten:

Hafer

Weizen

Gerstekörner

Die Wikinger waren bekannt für ihre Schiffe, aber auch gefürchtet für ihre Eroberungsfahrten.

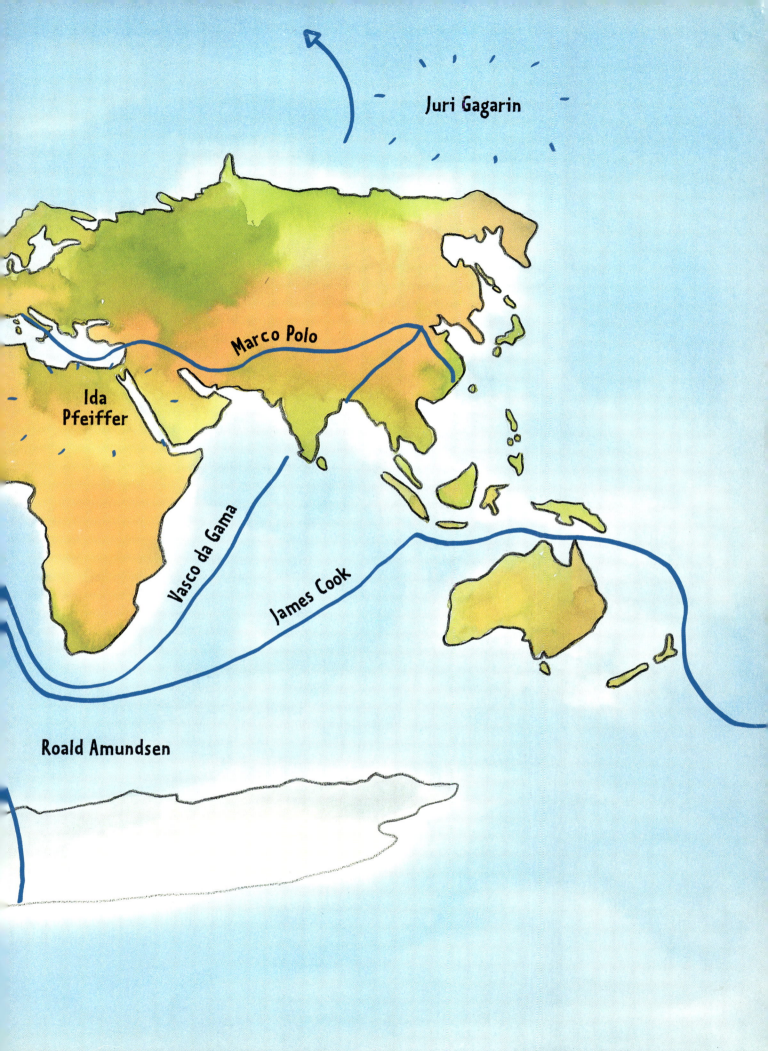

ISBN 978-3-219-11301-3
Alle Rechte vorbehalten
Umschlag, Illustrationen und Layout von Dorothea Tust
Gesetzt nach der neuen Rechtschreibung
Copyright © 2007 by Annette Betz Verlag
im Verlag Carl Ueberreuter, Wien – München
Printed in Austria
1 3 5 7 6 4 2

Annette Betz im Internet: www.annettebetz.com

Leif Eriksson muss ein furchtbar neugieriger Mensch gewesen sein. Damals wussten die Menschen ja noch nicht, dass sie auf einer Kugel leben. So ein verrückter Gedanke wäre ihnen nie gekommen! Die Menschen dachten, die Erde sei flach wie eine Scheibe. Und irgendwo hat jede Scheibe einen Rand … Seefahrer mussten also stets damit rechnen, dass sie nicht auf fremde Länder stoßen, sondern auf den Rand der Welt. Und dass ihr Schiff womöglich über diesen Rand hinaus ins Bodenlose fällt … Umso mutiger von den Menschen, immer wieder ins Ungewisse aufzubrechen. Sie hofften eben, da draußen etwas Unerhörtes zu finden. Am besten unerhörte Reichtümer. Die Hoffnung auf Reichtum hat der Menschheit schon immer großen Mut gemacht …

Reiseproviant der Wikinger

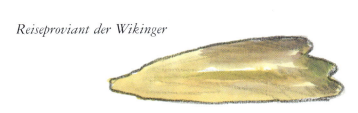

Trockenfisch wurde durch Salz lange haltbar gemacht.   *Erbsen*   *Kohl*

Marco Polo

Einer der berühmtesten Entdecker war – ein Kaufmann. Aber damals war Kaufmann auch noch ein aufregender Beruf. Kaufleute wie die Polos sind bis nach China gereist, um ihre Juwelen zu verkaufen … Im Jahre 1271 brach Niccolò Polo nach Osten auf und er nahm seinen 17-jährigen Sohn Marco mit auf die Reise. Eine Reise in den Osten, das hieß: eine Reise in das Reich der Mongolen. Damals herrschten die Mongolen über die ganze bekannte Welt jenseits von Europa – sie waren in Russland eingefallen und in China und sie hatten ihre Hauptstadt ins heutigen Peking verlegt.

Marco Polos Handelsware

Die Mongolen drangen sogar nach Europa vor und die Europäer waren ziemlich besorgt. In Europa wartete man ängstlich auf jede Nachricht aus dem Osten. Deswegen wurde Marco Polo ein so berühmter Reisender …
Marco Polo hat ein Buch über seine Reisen geschrieben und dieses Buch wurde im Mittelalter ein richtiger Bestseller. Überall in Europa verschlang man Marco Polos Bericht. Doch sosehr sich die Europäer vor den Mongolen auch fürchteten – ohne die Mongolen hätten Europäer wie Marco Polo gar nicht so weit reisen können. Denn die Mongolen hatten für Sicherheit in ihrem Reich gesorgt. Entlang der berühmten Seidenstraße nach Asien gab es Raststätten, und niemand musste Angst haben, dass ihm jemand an der nächsten Wegbiegung die Juwelen klaut.

So kamen die Polos schließlich bis nach China, an den Hof des Kublai Khan, dem Herrscher der Mongolen. Der Kublai Khan muss ziemlich gut mit Marco Polo ausgekommen sein. Immerhin blieben die Polos siebzehn Jahre an seinem Hof ...

Der Khan gab Marco Polo Aufträge, für die er kreuz und quer durch das Reich der Mongolen reisen musste. Marco Polo konnte sich also gründlich umsehen. Eine Zeit lang, erzählt Marco Polo jedenfalls, war er sogar Gouverneur einer Provinz! Der Khan wollte die Polos gar nicht wieder ziehen lassen. Schließlich ergab sich doch eine Gelegenheit zur Rückreise. Eine junge Prinzessin sollte zur Vermählung nach Persien reisen und die Polos boten sich an, sie zu begleiten.

21 Monate dauerte die Rückreise, dann war die Familie Polo wieder in Venedig – nach 24 Jahren!
Aber wer weiß – von sich aus hätte Marco Polo seine Erlebnisse vielleicht niemals aufgeschrieben. 1298 jedoch saß er als Kriegsgefangener in einem Gefängnis in Genua und hatte einen neugierigen Zellengenossen. Dem hat er seinen Reisebericht diktiert ...
Ohne diesen Mitgefangenen hätte die westliche Welt wohl nie etwas von dem großen Reisenden gehört.

Vasco da Gama

Die Menschen hätten sich wohl nicht immer wieder auf so gefährliche Weltreisen begeben, wäre die Welt nicht voller Köstlichkeiten. Gewürze aus Indien! Dafür bezahlte man in Europa ein Vermögen. Denn die Waren aus Indien erreichten Europa nur umständlich über den Landweg. Außerdem lag der Handel über Land in der Hand arabischer Kaufleute und die verlangten pfeffrige Preise! Europa brauchte dringend eine eigene Verbindung nach Asien. Eine Verbindung übers Meer …
Portugal ist ein ziemlich kleines Land, doch die Portugiesen waren erfahrene Seeleute und sie bauten die seetüchtigsten Schiffe. Anfang des 15. Jahrhunderts gab der portugiesische König Heinrich seinen Seeleuten den Auftrag, zu erkunden, ob man Indien mit dem Schiff erreichen kann.

Zimtstangen
Pfefferkörner
Muskatnüsse
Gewürznelken

(Dafür nannte man ihn später Heinrich den Seefahrer – obwohl er selbst nie ein Schiffsdeck betreten hat!) Um Indien von Portugal aus zu erreichen, muss man um Afrika herumsegeln. Doch damals wusste niemand, ob das möglich war. Kilometer um Kilometer kämpften sich die Seefahrer um Afrika herum. Sie stießen immer weiter ins Unbekannte vor, immer neue Schiffe wurden ausgesandt, und erst nach gut 50 Jahren umsegelte ein portugiesischer Seefahrer zum ersten Mal die südliche Spitze von Afrika, das sturmumtoste Kap der Guten Hoffnung. Die Zeit war gekommen für die erste Seereise eines Europäers nach Indien …

Am Morgen des 8. Juli 1497 stach Vasco da Gama mit vier Schiffen in See. Nach fünf Monaten umrundete er das Kap der Guten Hoffnung, nach zehn Monaten hatten die Portugiesen Indien erreicht. Bis dahin war die Reise also ein voller Erfolg. Doch dann gab es Schwierigkeiten. Die Portugiesen wollten ja Handel treiben, aber dazu gehören immer zwei. In Indien dachte man jedenfalls nicht daran, mit Portugal einen Handelsvertrag abzuschließen, und Vasco da Gama machte sich schließlich mit fast leeren Händen wieder auf den Heimweg. Und der wurde ziemlich ruppig … Damals wusste man noch nichts von Vitaminen, und auf den langen Reisen starben viele Seeleute an Skorbut, einer Krankheit, die durch Vitaminmangel verursacht wird. Vasco da Gamas Schiffe kämpften sich durch Stürme heimwärts, bis er am 9. September 1499 endlich den Hafen von Lissabon erreichte. Seine Reise war teuer und verlustreich gewesen und Schätze hatte er auch nicht mitgebracht. Aber er hatte der Welt bewiesen, dass es einen neuen Weg gab. Und das ist ja der Sinn jeder Entdeckungsreise.

Das kam mit aufs Schiff: Fleisch und Fisch in Kisten; Reis, Linsen und Mehl in Säcken; Wasser und Wein in Fässern.

Christoph Kolumbus

Entdecker haben es nicht leicht. Schließlich ist es mit dem Entdecken allein nicht getan. Man muss auch noch herausbekommen, was man da entdeckt hat.

Kolumbus ist das nie gelungen. Denn Kolumbus wollte nicht Amerika entdecken. Er wollte, wie Vasco da Gama, nach Indien. Allerdings nicht um Afrika herum, sondern über den Atlantik in Richtung Westen.

Kolumbus war sich sicher: Es musste einen Westweg nach Indien geben. Er las Reiseberichte (auch die von Marco Polo), studierte die Karten, die es damals gab, und begann zu rechnen ... Aber die Karten und Berichte waren ziemlich ungenau, und darum hat sich Kolumbus furchtbar verrechnet. Nach seinen Berechnungen mussten Schiffe, die nach Westen segelten, in wenigen Wochen auf Indien stoßen. Das klang verlockend und König Ferdinand und Königin Isabella von Spanien griffen zu. Sie gaben Kolumbus drei Schiffe: die Santa Maria, die Pinta und die Niña. Anfang September 1492 stach Kolumbus mit dieser kleinen Flotte in See, fünf Jahre vor Vasco da Gamas Reise um Afrika ... Tag für Tag segelten Kolumbus' Schiffe immer weiter nach Westen, immer weiter ins Ungewisse.

Allmählich wurden Kolumbus' Männer unruhig.

Mit jedem Tag wuchs die Angst vor dieser offenbar endlosen Fahrt ins Nichts. Sie glaubten längst nicht mehr an Kolumbus' Gerede von Indien – und damit hatten sie auch völlig recht. Einerseits.

Santa Maria

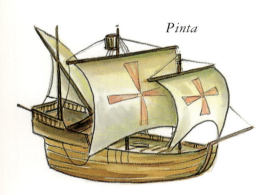

Pinta

Niña

Mit drei Schiffen brach Kolumbus 1492 zu seiner ersten Expedition auf.

Was an Bord nicht fehlen durfte:

Kompass

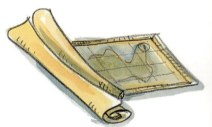

Landkarten

Stundenglas

Doch dann kam am 12. Oktober tatsächlich Land in Sicht – ungefähr zu dem Zeitpunkt, den Kolumbus errechnet hatte. Aber es war nicht Indien. Es war Amerika … Kolumbus hatte Glück: Ihm war ein rettender Kontinent in die Quere gekommen! Doch Kolumbus hat sein Glück nie begriffen.
Am 12. Oktober 1492 landete er auf den heutigen Bahamas – damit war Amerika wieder entdeckt, 400 Jahre nach Leif Eriksson.
Bloß: Nach Kolumbus' Berechnungen konnte das nicht sein. Nach seinen Berechnungen war Amerika Indien – und davon ließ er sich bis zu seinem Ende nicht abbringen. Noch zweimal ist Kolumbus zum amerikanischen Kontinent gesegelt, und jedes Mal glaubte er, in Indien zu sein. Andere waren da weniger verbohrt. Amerigo Vespucci erreichte 1499 ebenfalls die amerikanische Küste. Er kam als Erster auf den Gedanken, dass es sich bei diesem Land um einen eigenen Kontinent handeln könnte. Und so heißt dieser Kontinent heute Amerika, nach Vespuccis Vornamen.
Vielleicht wäre das Kolumbus sogar egal gewesen. Kolumbus starb verärgert und verbittert, weil er etwas gefunden hatte, das er gar nicht finden wollte …

James Cook

Erst waren die Entdecker auf Kontinente gestoßen, die sie gar nicht gesucht hatten. Und dann wollten sie einen Kontinent entdecken, den es gar nicht gab. Denn so fruchtbar und malerisch die neu entdeckten Länder auch waren – das eine war nicht darunter: Das Land, in dem Milch und Honig fließen. Das Paradies auf Erden. So ein Land suchten die Entdecker. Nach alten Überlieferungen musste es irgendwo in den südlichen Regionen der Erde einen großen Kontinent geben, den die Geografen »das unbekannte südliche Land« nannten. An diesem Glauben hielten die Menschen eisern fest – bis zu den Reisen von James Cook.

1768 war James Cook ausgeschickt worden, um im Pazifischen Ozean astronomische Berechnungen anzustellen. Aber er hatte noch einen Geheimauftrag: die Suche nach dem geheimnisvollen Kontinent. Und James Cook suchte gründlich. Er segelte weit in den Süden, so weit wie vor ihm noch niemand. Als James Cook nach Jahren wieder die Heimat erreichte, konnte es eigentlich keine Zweifel mehr geben: Das unbekannte südliche Land war nichts weiter als ein Wunschtraum. Aber noch immer gab es Wissenschaftler, die sich von diesem Traum nicht verabschieden mochten. Und James Cook ging noch einmal auf große Fahrt. Wieder fuhr er weiter als jemals ein Mensch zuvor. James Cook segelte direkt in das Eis der Antarktis und hielt dieses Wagnis auch ausführlich in seinem Logbuch fest.

Um Seekarten zu zeichnen, wurde folgendes Besteck benutzt:

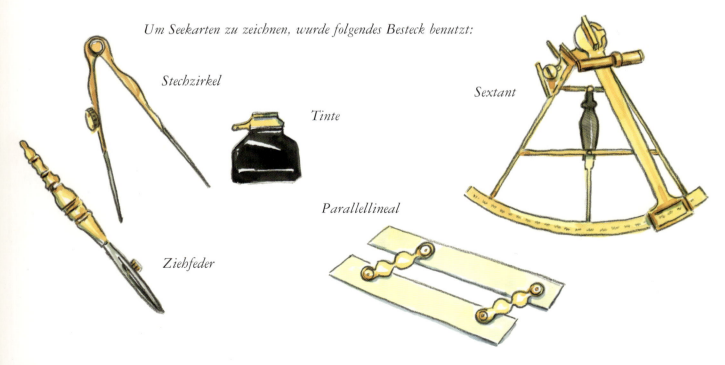

Stechzirkel

Tinte

Sextant

Parallellineal

Ziehfeder

Den südlichen Winter verbrachte James Cook auf Tahiti und den pazifischen Inseln, dann setzte er seine Erkundung fort. Im Januar 1774 war er nur 2000 Kilometer vom Südpol entfernt! Vielleicht wäre es sogar möglich gewesen, noch weiter zu segeln, doch das war höchst gefährlich. Außerdem war sich James Cook mittlerweile ziemlich sicher, dass er nach einem Kontinent suchte, den es gar nicht gab. Pflichtbewusst kreuzte er auch den Rest des Jahres über das Meer, aber am Ende von Cooks zweiter Reise war die Legende vom unbekannten Kontinent ein für alle Mal zerstört. James Cook war ein großartiger Seemann. Und er war ein sehr umsichtiger Mensch. Er hat dafür gesorgt, dass seine Männer jeden Tag frisches Gemüse und andere vitaminhaltige Nahrung zu essen bekamen. Nicht einer von Cooks Seeleuten ist an Skorbut gestorben! Anders als manch anderer Entdecker hat er die Bevölkerung fremder Länder immer mit großem Respekt behandelt. Und trotzdem ist James Cook auf seiner dritten Reise bei einem Streit mit den Bewohnern von Hawaii getötet worden. Es gibt auf der Erde nun mal nirgendwo ein Paradies.

James Cooks Speiseplan für seine Mannschaft:

Alexander von Humboldt
Aimé Bonpland

»Neuer Kontinent gefunden!« Das klingt wahrscheinlich spannender als: »Neue Pflanzenart entdeckt!« Aber jede Entdeckung ist ein Abenteuer. Alexander von Humboldt hat zwar nicht den Globus verändert – aber die Naturwissenschaft. (Und nebenbei hat er auch die Landkarte von Südamerika wesentlich verbessert.)

Für die meisten Menschen sind Pflanzen nicht besonders aufregend. Alexander von Humboldt aber wäre zum anderen Ende der Welt gereist für eine neue Pflanzenart! Und 1789 traf er in Paris auf einen, der genauso besessen war wie er selbst: Aimé Bonpland. Die beiden hatten sich gesucht und gefunden.

Im Juli 1799 landeten Alexander von Humboldt und Aimé Bonpland in Südamerika. Das war der Anfang einer Reise, die Wissenschaftler in aller Welt noch Jahrzehnte später in helle Aufregung versetzen sollte. Humboldt und Bonpland durchquerten die Llanos, das südamerikanische Grasland, über dem die Luft im Sommer vor Hitze nur so kocht. Sie fuhren den Fluss Orinoco stromaufwärts und wurden von Mücken, Fliegen, Moskitos und Sandflöhen gepeinigt. Sie kletterten auf den Chimborasso, einen 6310 Meter hohen Berg. Und das ohne Sauerstoffgerät! Sie kämpften sich durch Schnee und Eis, sie litten unter Schwindel und Übelkeit. 30 Jahre lang hielten die beiden den Weltrekord im Bergsteigen! Bei allen Strapazen erforschten sie unablässig ihre Umgebung. Sie sammelten Pflanzen,

Sammelblätter

sie zeichneten Karten und schrieben Berichte nach Hause. Ihre Briefe versetzten die Welt in Erstaunen. Da gab es einen Kuhbaum, dessen Saft wie Milch schmeckte. Sie beschrieben einen Aal, der elektrische Schläge austeilen und Pferde umwerfen konnte. (Unvorsichtigerweise trat Humboldt selbst auf einen elektrischen Aal und einen Tag lang war er ziemlich krank.) Ihre Berichte warfen Licht auf Gebiete, die bis dahin völlig unerforscht geblieben waren. Als sie 1804 nach Frankreich zurückkehrten, wurden sie wie Helden gefeiert. Sie waren 20000 Kilometer durch Südamerika gereist, hatten 1500 Messungen durchgeführt und 60000 Pflanzen gesammelt. Und für Humboldt hatte die Arbeit erst begonnen. 23 Jahre hat er damit verbracht, all das zu verarbeiten, was er auf seiner Reise gesammelt und beobachtet hat. Ohne Humboldts Bücher hätte jemand wie Charles Darwin der Welt keinen neuen Stoß geben können …

Humboldt verfasste unzählige Schriften.

Charles Darwin

So wie Alexander von Humboldt hat auch Charles Darwin eine Reise gemacht, die fünf Jahre dauern sollte. Und genau wie Humboldt hat Darwin den Rest seines Lebens damit verbracht, über diese Reise nachzudenken. Als Darwin seine Gedanken veröffentlichte, sah die Welt noch genau so aus wie vorher. Und trotzdem ist für viele Menschen damals eine Welt eingestürzt. Denn die große Frage war: Wie ist die Welt entstanden? So wie es in der Schöpfungsgeschichte der Bibel steht? Waren Adam und Eva also tatsächlich die ersten Menschen?

Im Sommer 1831 war Charles Darwin ein junger Mann, der noch nicht so recht wusste, was einmal aus ihm werden sollte. Doch im Sommer jenes Jahres bekam er das Angebot, eine Weltreise zu machen. Eine Weltreise auf dem Schiff Beagle. Der Auftrag lautete, auf einer Fahrt rund um die Erde verschiedene Messungen vorzunehmen, und der Kapitän der Beagle suchte einen jungen Mann mit naturwissenschaftlichen Kenntnissen und mit guten Manieren. Charles Darwin besaß gute Manieren. Und er hatte sich mit der Naturwissenschaft beschäftigt. So eine Reise war eine einzigartige Gelegenheit, die Natur zu erforschen – wie schon Humboldt. Darwin hatte die Bücher von Humboldt verschlungen.

So können Fundstücke aussehen.

Auch die Darwinfinken haben sich an die Umgebung angepasst.

Und er war wie Humboldt ein besessener Sammler. Steine, Pflanzen, Knochen – Kisten voller Fundstücke schickte er während seiner Reise nach London. (Allerdings war Darwin auch froh über jeden Landgang – er litt furchtbar unter Seekrankheit. Fünf Jahre lang!)

Doch dann machte Darwin einige Beobachtungen, die ihn erstaunten. Die Schildkröten auf den Galapagos-Inseln zum Beispiel sahen von Insel zu Insel anders aus. Die Tiere hatten sich unterschiedlich entwickelt. Sie hatten sich an ihre jeweilige Umgebung angepasst. Offenbar konnte die Natur also für Veränderungen sorgen. (Darwin nahm ein paar Schildkröten mit nach Europa, und eine davon war ein richtiges Wunder, was Anpassung betrifft: die Schildkröte Harriet. Sie hat bis 2006 überlebt und wurde 176 Jahre alt.) Es sollten noch viele Jahre vergehen, bis Charles Darwin aus seinen Beobachtungen einen Schluss ziehen konnte. Die Natur, schrieb Darwin, entwickelt sich ständig weiter. Auch die Lebewesen verändern sich, denn sie müssen sich der Natur anpassen. Lebewesen, die das nicht schaffen, haben keine Chance, zu überleben. Und so hat auch der Mensch eine Entwicklung hinter sich, die lange vor Adam und Eva begonnen haben muss …

Charles Darwin war ein Entdecker. Aber seine eigentliche Entdeckung hat er nicht unterwegs gemacht, sondern beim Studium in seinen vier Wänden. Nachdenken kann eben auch ein Abenteuer sein …

Ida Pfeiffer

Reisen blieb noch lange ein Abenteuer. Und jeder Reisende war ein Entdecker. Allerdings war das Reisen eine teure Angelegenheit. Nur Wenige konnte es sich leisten, einfach loszuziehen und auf Entdeckungsreise zu gehen. Wer reisen wollte, brauchte Geld. (Mal abgesehen von den einfachen Seeleuten, ohne die auch der vermögendste Reisende nicht weit gekommen wäre.)

Es gibt aber immer wieder Menschen, die sind so voll Abenteuerlust, dass sie sich über alle Schwierigkeiten einfach hinwegsetzen. Ida Pfeiffer wurde 1797 in Wien geboren. Für Frauen war es in jener Zeit ganz und gar nicht üblich, in der Welt umherzureisen. Ida Pfeiffer las leidenschaftlich gern Reiseberichte, aber selbst auf Reisen zu gehen – das kam natürlich gar nicht in Frage. Ida Pfeiffer heiratete, sie zog zwei Kinder groß. Doch dann waren ihre Kinder erwachsen, und plötzlich gab es nichts mehr, was Ida Pfeiffer noch halten konnte. Mit 44 Jahren machte sie ihre erste Weltreise! Und sie hatte sich gründlich vorbereitet. Sie hatte Sprachen gelernt, sie hatte gelernt, wie man Pflanzen und Tiere präpariert. Sie besaß keine wissenschaftliche Ausbildung, aber dafür war sie voller Wissensdurst. 13 Bücher hat sie über ihre Reisen geschrieben, und ihre klugen Beobachtungen gaben der Wissenschaft

Auf ihre Reisen bereitete sich Ida Pfeiffer gut vor. Sie las viele Bücher und lernte Sprachen.

Ida Pfeiffer war ihre bequeme Reisekleidung viel lieber als jene Kleider, die sie bei offiziellen Anlässen tragen sollte.

derart wichtige Hinweise, dass sie schließlich als erste Frau Ehrenmitglied der Berliner Geographischen Gesellschaft geworden ist. Doch Ida Pfeiffer war nicht nur klug und neugierig – sie muss ein ungewöhnlich kühner Mensch gewesen sein. Ihre Reisen waren ein einziges Abenteuer! In fremden Ländern lebte und ernährte sie sich wie die einheimische Bevölkerung, fuhr mit Ochsenfuhrwerken oder ging zu Fuß. So ist sie durch Ägypten gereist, durch Brasilien, China, Indien. Im Jahre 1852 hat sie sich als erste Weiße zu den Batak auf Sumatra gewagt – die Batak galten immerhin als Menschenfresser. Aber Ida Pfeiffer wusste sich zu wehren. Gegen die Batak soll sie ihren Regenschirm eingesetzt haben – und ihre scharfe Zunge: »Ihr werdet doch eine alte Frau nicht aufessen …!«

Mit 60 Jahren fuhr Ida Pfeiffer nach Südafrika, weil sie unbedingt Madagaskar erleben wollte. Alexander von Humboldt riet ihr ab. Die Reise sei viel zu gefährlich! Ida Pfeiffer reiste natürlich trotzdem. Auf Madagaskar regierte eine grausame Herrscherin – Ranavalona. Ida Pfeiffer wurde in einen Putsch gegen Ranavalona verwickelt. Der Putsch scheiterte und Ida Pfeiffer musste fliehen – mitten durch die Fiebersümpfe Madagaskars. Ein Jahr nach ihrer Rückkehr starb Ida Pfeiffer an Malaria. Ida Pfeiffer ist es nicht an der Wiege gesungen worden, dass sie einmal eine große Weltreisende werden würde. Aber wer wirklich reisen will – den kann nun mal nichts aufhalten.

Roald Amundsen
Robert Scott

Auch wenn man manchmal denkt, die Welt steht kopf: Die Erde hat kein Oben und kein Unten, keinen Anfang und kein Ende. Schließlich ist sie eine Kugel. Und trotzdem gibt es Gegenden, in denen ein Mensch sich vorkommt, als hätte er das Ende der Welt überschritten. So eine Gegend umgibt den südlichen Pol der Erde: die Antarktis. Eine Welt aus Eis, eine gefrorene Wüste. Die Antarktis zu erforschen und den Südpol zu finden – das war eines der qualvollsten Abenteuer der Menschheit.

Roald Amundsen hat als erster Mensch den Südpol erreicht. Aber im Juni 1910 war nicht nur der Norweger Amundsen unterwegs zum Südpol, auch der Engländer Robert Scott wollte Erster am Südpol sein. Scott wurde nur Zweiter. Sein Name ist trotzdem nicht vergessen. Dafür hat seine Geschichte die Welt viel zu sehr bewegt.
Als Scott am 1. Juni 1910 von London aus zum Südpol aufbrach, ahnte er noch nicht, dass er einen Gegner haben würde. Doch in Australien erreichte ihn ein Telegramm: »Erlaube mir, Ihnen die Nachricht zu hinterlassen, dass ich zur Antarktis unterwegs bin. Roald Amundsen.«
Für einen Wettlauf war Scotts Mannschaft nicht ausgerüstet. Scotts Schiff war ein alter Walfänger, der sich nur langsam einen Weg durch das Eis bahnen konnte. Und statt der viel schnelleren Schlittenhunde hatte Scott sich für Ponys entschieden. Anders als Amundsen ... Am Neujahrstag 1912 schreibt Scott in sein Tagebuch: »Nur 170 Meilen entfernt vom Pol und mit reichlicher Verpflegung.«
Dann aber setzten Schneestürme ein und Scott und seine Leute kamen kaum 15 Kilometer pro Tag voran. Am 15. Januar ist Scott noch zwei Tagesmärsche vom Pol entfernt. »Das Schlimmste, was passieren kann, ist, dass wir die norwegische Flagge vor der unseren sehen.«

Am 17. Januar erreichten die Briten den Pol. Und am Pol wehte die norwegische Fahne. Amundsen hatte den Wettkampf gewonnen. Niedergeschlagen machten sich die Engländer auf den langen Weg zurück. Sie litten unter Skorbut, Erfrierungen und waren erschöpft – und noch lagen 1300 Kilometer vor ihnen. Am 15. März war das Ende nahe.

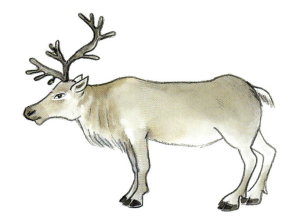

Das Fell von Rentieren wurde vor der Expedition für Anoraks und Schlafsäcke verarbeitet.

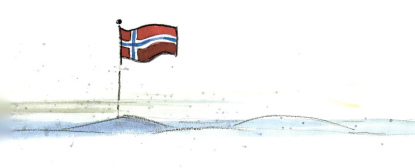

Das Wetter wurde immer schlimmer. Laurence Oates, einer von Scotts Männern, schleppte sich aus dem Lager. Er wolle nur einmal kurz hinausgehen, sagte er.
»Er ging hinaus in den Schneesturm und seitdem haben wir ihn nicht mehr gesehen ...«
Oates hatte sich für die anderen geopfert. Den anderen hat das nichts mehr genutzt.
29. März: »Es ist schade, aber ich glaube, ich kann nicht mehr weiterschreiben ...«
Acht Monate später hat man die Leichname von Scott und seinen Männern gefunden. Aber auch für Amundsen ist das Eis zum Schicksal geworden. Nicht das Eis des Südpols, sondern die Arktis, der nördliche Pol. Als 1928 Rettungstrupps ausgesandt werden mussten, um über der Arktis nach einem vermissten Luftschiff zu suchen, beteiligte sich Amundsen an der Rettungsaktion. Er startete in einem Flugzeug und kehrte nie wieder zurück ...

Aus den Tagebüchern von Roald Amundsen und Robert Scott haben wir viel über ihre Expeditionen erfahren.

Mit einem Flugzeug unternahm Roald Amundsen auch eine Expedition zum Nordpol.

Jacques-Yves Cousteau

Die Menschen haben Jahrhunderte gebraucht, um die Erde zu erforschen. Und trotzdem kennen sie bloß den kleinsten Teil der Erde. Denn die meisten Landschaften der Erde sind unsichtbar. 71 Prozent der Erdoberfläche sind vom Meer bedeckt. Und im Meer verbergen sich geheimnisvolle Welten ... Die Seeleute haben das natürlich schon immer gewusst. Haarsträubende Geschichten wurden in den Hafenkneipen rund um die Welt erzählt – Geschichten von Meeresungeheuern, die urplötzlich aus der Tiefe emportauchen und ganze Schiffe mit Mann und Maus verschlingen. Bei den Meeresungeheuern handelte es sich meistens um Wale oder Kraken und die verspeisen natürlich keine Schiffe ... Aber mit den geheimnisvollen Welten hatten die Seefahrer völlig recht.

Dass wir heute einige Geheimnisse der Meere kennen, verdanken wir Jacques-Yves Cousteau, dem Mann mit der roten Wollmütze. Cousteau hat die Welt unter Wasser gefilmt. Die Entdecker von heute haben es ja ein wenig leichter als die alten Abenteurer. Bilder überzeugen eben manchmal mehr als kluge Worte. Außerdem müssen Entdecker nicht mehr 100 Jahre warten, bis sie endlich berühmt sind. Jacques-Yves Cousteau ist durch seine Filme weltberühmt geworden, und je berühmter er wurde, desto mehr haben sich die Menschen für die Welt unter Wasser interessiert.

Sporttaucher 40 m

Fischschwarm 500 m

Erreichbare Tiefen für Mensch und Tier

Bereits mit 26 Jahren hat Cousteau seinen ersten Unterwasserfilm gedreht. Dafür hatte er sich ein wasserdichtes Kameragehäuse ausgedacht. Cousteau war nämlich auch ein großer Bastler! Dank seiner Basteleien wurde es überhaupt erst möglich, in tiefere Bereiche zu tauchen. Cousteau hat den sogenannten Lungenautomaten entwickelt – mit Hilfe einer Druckluftflasche konnte der Mensch jetzt unter Wasser atmen. Der Mensch ist nun mal kein Fisch und für die Welt unter Wasser ist er überhaupt nicht geeignet. 40 Meter Tiefe – das ist die Grenze für einen trainierten Sporttaucher. Aber in 40 Metern befinden wir uns noch nicht mal am Eingang zur Meereswelt. An der tiefsten Stelle des Meeres geht es 11 034 Meter hinab! Ein Bereich, den noch kein Mensch betreten hat. Und auch sonst kein Säugetier. Den Tauchrekord für Säugetiere hält der Pottwal – mit 3000 Metern. Je tiefer man hinabtaucht, desto mehr steigt der Druck.
Im Jahre 1950 bekommt Jacques-Yves Cousteau ein Schiff geschenkt. Er baut das Schiff um und nennt es Calypso. Und dieses Schiff wird mindestens so berühmt wie er selbst. Mit der Calypso fährt Cousteau über die Meere, taucht, forscht und filmt. Über 100 Filme hat Cousteau gedreht. (Für seine Filme hat er immerhin drei Oscars bekommen!) Die Entdeckung der Meere ist noch längst nicht beendet. Aber begonnen hat sie mit Jacques-Yves Cousteau, dem Mann mit der roten Mütze.

Pottwal 3000 m

Tiefseefisch 10 000 m

11 034 m

Marianengraben

Juri Gagarin
Neil Armstrong

Um die Erde zu erkunden, sind Menschen durch glühend heiße Wüsten gewandert, über die höchsten Berge gestiegen, ins ewige Eis vorgedrungen – was bleibt da noch an Abenteuern?

Das größte aller Abenteuer. Das Weltall. Von diesem Abenteuer ist die Menschheit bloß einen Hauch entfernt. Denn bereits ein paar Kilometer über der Erde wird die Luft für den Menschen ziemlich dünn …

Schon im ersten Jahrzehnt des 20. Jahrhunderts gab es Erfinder, die über Raketen nachdachten und über einen Flug zum Mond. Die galten als Spinner und Fantasten. Doch dann kam Schwung in die Sache. Und das hatte wieder einmal mit einem Wettlauf zu tun – dem Wettlauf zwischen Amerikanern und Russen.

Im Oktober 1957 kreist eine piepsende Kugel um die Erde. Sputnik heißt der kleine Satellit, der aus dem Weltraum Funksignale zur Erde sendet, und Russland hat ihn in das All geschossen. Eine Sensation! Ein großer Erfolg für die russischen Techniker – aber so einen Erfolg konnte Amerika nicht auf sich sitzen lassen. Auch die Amerikaner stürzten sich jetzt auf die Weltraumtechnik und 1961 versprach Präsident Kennedy, »noch vor Ende dieses Jahrzehnts einen Menschen auf dem Mond zu landen und sicher zurückzubringen«. Das ist den Amerikanern auch gelungen. Der erste Mensch, der den Mond betrat, hieß Neil Armstrong. Der erste Mensch im Weltraum aber war Juri Gagarin. Am 12. April 1961 startete um neun Uhr Moskauer Ortszeit vom russischen Weltraumbahnhof Baikonur eine Rakete namens Wostok 1 ins All. Raketenstarts waren nichts Ungewöhnliches mehr. Aber in der Rakete befand sich ein Mensch!

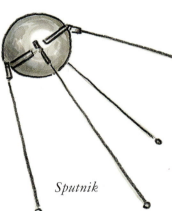

Sputnik

Affen und Hunde hatten bereits Weltraumerfahrung, doch noch nie hatte man es gewagt, einen Menschen ins All zu schicken! Wenige Minuten nach dem Start war es so weit – die Rakete war in ihrer Umlaufbahn, und ein Kosmonaut namens Juri Gagarin schwebte als erstes menschliches Wesen im All. Mit einer Geschwindigkeit von 27 400 km/h umkreiste Gagarins Kapsel die Erde ... Ein riskantes und gefährliches Unternehmen. Gagarin stand in ständigem Sprechverkehr mit seiner Bodenstation, trotzdem hätte er im Notfall nicht viel ausrichten können. Gagarin war ein ausgebildeter Pilot, doch der komplette Flug war ferngesteuert, und es hätte für Gagarin kaum eine Möglichkeit gegeben, sein Schicksal zu beeinflussen. Als die Kapsel nach 108 Minuten wieder in die Erdatmosphäre trat, geriet sie in furchtbare Schwingungen, und für eine Weile sah es gar nicht gut aus für Gagarin. Aber schließlich konnte Gagarin mit seinem Fallschirm sicher in der Steppe von Sibirien landen – vor den Augen zweier Mädchen, die genau so verblüfft waren wie der Rest der Welt. Mit der Landung auf dem Mond sind die Amerikaner durch das Tor zum All getreten. Doch Juri Gagarin hat es geöffnet ...

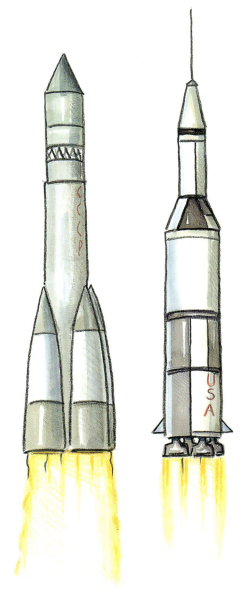

Durch den Wettkampf in der Raumfahrt zwischen USA und Russland sind auch unterschiedliche Bezeichnungen für Raumfahrer entstanden: In Russland nennt man sie Kosmonauten, in den USA Astronauten.

Du und ich

Menschen sind verschieden. Die nicht so Neugierigen sagen sich: Wie schön, dass alles schon entdeckt ist. Sie freuen sich, dass sie nicht wie Leif Eriksson übers Meer fahren müssen, wenn sie Amerika entdecken wollen. Sondern dass sie sich Amerika im Fernsehen anschauen können.
Die Neugierigen sind neugierig wie eh und je. Wie unendlich mag der Weltraum sein? Kann man an das Ende von etwas gelangen, das kein Ende hat? Und: Was ist aus all den untergegangenen Welten geworden? Wo liegt das sagenhafte Atlantis? Wo versteckt sich das Ungeheuer von Loch Ness? Ungelöste Fragen werden nie langweilig.
Die Wissenschaftler dringen in immer größere Weiten vor. Und in immer kleinere Welten. Die Mikrotechnik setzt sich aus Teilen zusammen, die mit bloßem Auge gar nicht mehr erkennbar sind. Aus solchen Kleinstteilen hat

man den Mars Rover gebaut, um ihn auf die große Reise zum Mars zu schicken. So gehört eben alles zusammen. Und für die Neugierigen gibt es hinter jedem Horizont einen neuen Horizont.

Gewisse Träume werden sich natürlich nie erfüllen. Wahrscheinlich werden wir Menschen auch in künftigen Zeiten nicht auf Zeitreisen gehen können. Höchstwahrscheinlich wird es auch den Jungbrunnen nicht geben, nach dem die Menschen so lange gesucht haben. Die Mediziner werden noch manches Mittelchen entdecken. Aber aus alt mach jung – das klappt bestimmt nicht.

Dafür werden die Menschen noch vieles entdecken, von dem wir heute nicht einmal ahnen, dass es das überhaupt gibt.

Man könnte glatt neugierig werden …